DANONE
Fjørd
Frais & doux
Conserver à +6°C maxi.
spécialité laitière
nature
125g

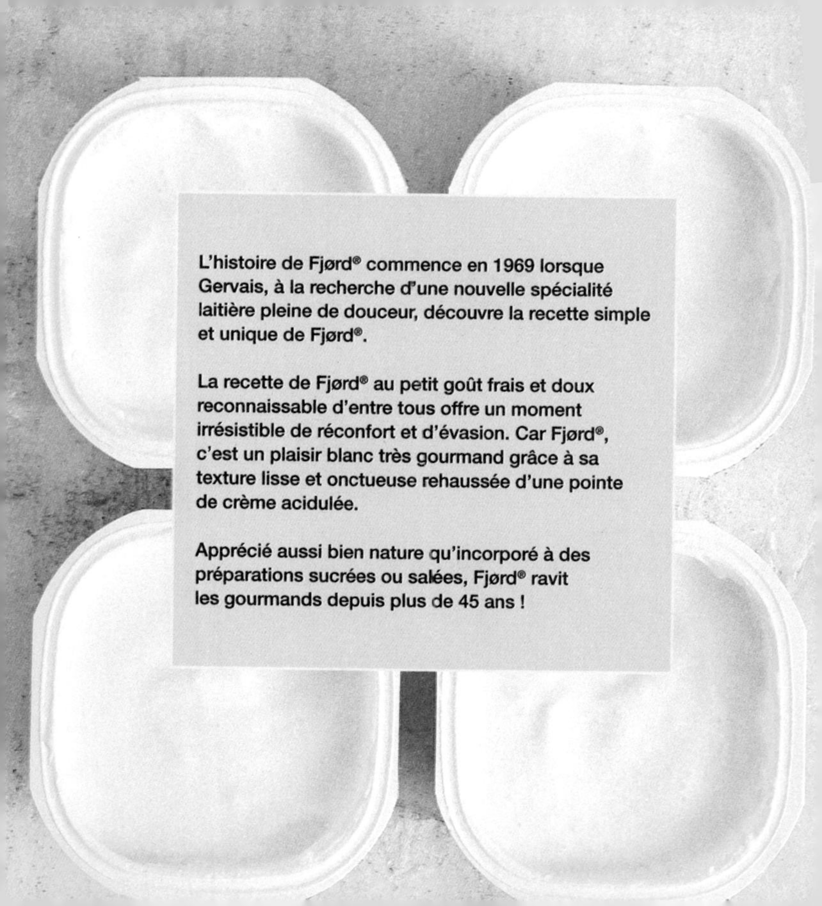

L'histoire de Fjørd® commence en 1969 lorsque Gervais, à la recherche d'une nouvelle spécialité laitière pleine de douceur, découvre la recette simple et unique de Fjørd®.

La recette de Fjørd® au petit goût frais et doux reconnaissable d'entre tous offre un moment irrésistible de réconfort et d'évasion. Car Fjørd®, c'est un plaisir blanc très gourmand grâce à sa texture lisse et onctueuse rehaussée d'une pointe de crème acidulée.

Apprécié aussi bien nature qu'incorporé à des préparations sucrées ou salées, Fjørd® ravit les gourmands depuis plus de 45 ans !

Le petit livre

FJØRD ®

LENE KNUDSEN
Photographies de Richard Boutin

MARABOUT

SOMMAIRE

16

18

20

26

32

36

48

50

Fjørd
58

KIT FJØRD®

FJØRD® AUX FRUITS FRAIS

**4 pots de spécialité laitière FJØRD®,
1 figue fraîche coupée en quatre,
quelques framboises**

Verser les FJØRD® dans 4 petits bols et ajouter dans chacun 1 quart de figue et quelques framboises.

FJØRD® À LA COMPOTE DE MYRTILLES

**4 pots de spécialité laitière FJØRD®,
½ barquette de myrtilles, 3 cuillerées à soupe de sucre en poudre**

Dans une casserole, faire cuire à feu moyen les myrtilles avec le sucre tout en mélangeant jusqu'à obtenir un coulis un peu épais. Verser les FJØRD® dans 4 petits bols et napper de coulis à la myrtille.

FJØRD® AUX CÉRÉALES

**4 pots de spécialité laitière FJØRD®,
2 cuillerées à soupe de flocons d'avoine,
1 cuillerée à soupe de graines de courge,
1 cuillerée à soupe d'écorces de noix de coco, 1 cuillerée à soupe d'airelles séchées (ou de raisins secs), 1 filet de sirop d'érable (ou de miel)**

Verser les FJØRD® dans 4 petits bols et mélanger avec tous les ingrédients.

FJØRD® GOURMAND

**4 pots de spécialité laitière FJØRD®,
le zeste de ¼ d'orange bio, 40 g de riz soufflé, 4 cuillerées à soupe de miel d'acacia,
½ cuillerée à café de cannelle (facultatif),
20 g de chocolat noir concassé**

Préchauffer le four à 165 °C. Dans une casserole, faire chauffer le miel à feu doux. Quand il devient très liquide, le verser sur le riz soufflé et bien mélanger. Enfourner et laisser dorer 8 à 12 minutes. Laisser refroidir. Verser les FJØRD® dans 4 petits bols et mélanger avec le riz soufflé, le chocolat et les zestes d'orange.

KIT MUFFINS

POUR 8 À 10 MUFFINS

200 g de farine, 1 cuillerée à café de levure chimique, 150 g de sucre en poudre, les zestes de 1 citron, 1 œuf, 70 g de beurre fondu, 2 pots de spécialité laitière FJØRD®, 1 cuillerée à café d'extrait de vanille, sucre glace

Préchauffer le four à 170 °C. Tamiser la farine avec la levure puis verser dans un grand bol. Ajouter le sucre, les zestes du citron et mélanger. Dans un bol, battre l'œuf avec le beurre fondu, les FJØRD® et l'extrait de vanille. Mélanger délicatement les deux préparations puis ajouter les fruits sans trop remuer. Verser la pâte dans des moules à muffin beurrés aux trois-quarts. Enfourner et laisser cuire 25 à 30 minutes. Vérifier la cuisson avec la pointe d'un couteau : elle doit ressortir sèche. Démouler et laisser refroidir. Saupoudrer de sucre glace avant de servir.

MUFFINS BANANE - PISTACHES

Ajouter 1 banane coupée en morceaux et 35 g de pistaches concassées dans la pâte.

MUFFINS ANANAS

Ajouter 70 g d'ananas coupé en morceaux dans la pâte.

MUFFINS RAISINS BLONDS

Ajouter 70 g de raisins blonds dans la pâte.

MUFFINS FRAMBOISES

Ajouter 100 g de framboises dans la pâte.

KITS BÂTONNETS GLACÉS AUX FRUITS

BÂTONNETS À LA MÛRE

150 g de sucre en poudre, 1 cuillerée à soupe de jus de citron, 2 pots de spécialité laitière FJØRD®, 20 cl de crème liquide bien froide, 2 cuillerées à soupe de sucre glace, 1 cuillerée à café d'extrait de vanille, 1 barquette de mûres

Dans une casserole, faire chauffer à feu moyen le sucre en poudre avec 10 cl d'eau et le jus de citron jusqu'à obtenir un beau sirop. Dans un grand bol, verser les FJØRD® puis ajouter le sirop et bien mélanger. Monter la crème liquide en chantilly puis ajouter le sucre glace et l'extrait de vanille. Mélanger délicatement la chantilly avec le mélange aux FJØRD®. Répartir les mûres au fond de 4 moules à esquimaux puis remplir avec le mélange précédent. Réserver au congélateur 4 heures minimum.

BÂTONNETS À LA PISTACHE

Remplacer les mûres par 70 g de pistaches concassées.

BÂTONNETS AUX MYRTILLES

Remplacer les mûres par 1 barquette de myrtilles.

BÂTONNETS À LA FRAMBOISE

Remplacer les mûres par 1 barquette de framboises.

KIT TZATZIKI

TZATZIKI CONCOMBRE

½ concombre, 1 pot de spécialité laitière FJØRD®, ½ gousse d'ail hachée finement, 1 cuillerée à soupe de persil plat ou de menthe ciselée, sel, poivre

Verser le FJØRD® dans un filtre à café pour le drainer. Laver le concombre et le couper dans le sens de la longueur en retirant les graines à l'aide d'une petite cuillère. Le râper dans un bol, ajouter le FJØRD®, l'ail, les herbes et mélanger. Saler, poivrer.

TZATZIKI MELON

¾ de 1 petit melon, 1 pot de spécialité laitière FJØRD®, 1 cuillerée à soupe de feuilles de menthe ou de persil plat ciselé, sel, poivre

Verser le FJØRD® dans un filtre à café pour le drainer. Râper la chair du melon dans un bol, ajouter le FJØRD®, les herbes et mélanger. Saler, poivrer.

TZATZIKI BETTERAVE

2 betteraves de taille moyenne, 1 pot de spécialité laitière FJØRD®, 1 cuillerée à soupe de persil plat ciselé, cerneaux de noix concassés, sel, poivre

Verser le FJØRD® dans un filtre à café pour le drainer. Râper la chair des betteraves dans un bol, ajouter le FJØRD® et mélanger avec le persil, quelques cerneaux de noix concassés et mélanger. Saler, poivrer.

TZATZIKI POMME - CÉLERI RAVE

¾ de 1 pomme rouge, ¼ de 1 céleri rave, 1 pot de spécialité laitière FJØRD®, le jus de 1 citron, 1 cuillerée à soupe de persil plat haché finement, sel, poivre

Verser le FJØRD® dans un filtre à café pour le drainer. Râper la pomme avec la peau dans un bol. Ajouter un peu de jus de citron pour éviter qu'elle brunisse. Retirer la peau du céleri rave et râper la chair dans le même bol. Ajouter le FJØRD®, le persil et mélanger. Saler, poivrer.

CRUMBLE POMMES - FRAMBOISES

20 MIN DE PRÉPARATION – 45 MIN DE CUISSON

POUR 2 PERSONNES

2 pommes
coupées en dés moyens

le jus de ½ citron

½ barquette
de framboises

100 g de rhubarbe

6 cuillerées à soupe
de sucre en poudre

1 pincée de cannelle
moulue (facultatif)

125 g de sucre
de canne blond

100 g de beurre bien froid

125 g de farine

25 g de flocons d'avoine

4 pots de spécialité
laitière FJØRD®

1- Préchauffer le four à 170 °C.

2- Éplucher et couper les pommes en dés. Les arroser de jus de citron puis ajouter les framboises et la rhubarbe coupée en tronçons de 3 cm. Bien mélanger avec le sucre et la cannelle. Les mettre dans un plat allant au four.

3- Enfourner et laisser cuire 30 à 40 minutes jusqu'à ce que les fruits soient bien cuits.

4- Dans un saladier, mélanger le sucre de canne, le beurre coupé en morceaux, la farine et les flocons d'avoine. Travailler du bout des doigts jusqu'à obtenir une pâte sableuse.

5- Déposer les miettes dans un plat allant au four sur une épaisseur de 2 cm. Enfourner et laisser cuire 12 minutes jusqu'à ce qu'elles soient bien dorées.

6- Dans 2 bols, répartir les FJØRD®, ajouter une couche de fruits et recouvrir de miettes de crumble.

TARTELETTES AU FJØRD®, ABRICOTS & PISTACHES CONCASSÉES

15 MIN DE PRÉPARATION – 10 À 15 MIN DE CUISSON

POUR 6 TARTELETTES

PÂTE SUCRÉE

200 g de farine

45 g de sucre en poudre

140 g de beurre ramolli

½ cuillerée à café d'extrait de vanille

1 œuf

GARNITURE

3 pots de spécialité laitière FJØRD®

9 cuillerées à café de sucre glace

6 figues

pistaches concassées

1- Préparer la pâte sucrée : verser la farine, le sucre et les petits cubes de beurre dans un bol. Écraser le beurre du bout des doigts. Battre l'œuf avec l'extrait de vanille et verser sur la pâte. Mélanger à l'aide d'une fourchette puis poser la pâte sur le plan de travail. La travailler à la main et ajouter de la farine si elle colle trop. Diviser la pâte en 6 portions et à l'aide d'un rouleau à pâtisserie, les abaisser sur une épaisseur de 0,5 cm. Tapisser de pâte les moules à tartelettes préalablement beurrés. Enfourner et faire cuire à blanc pendant 10 à 15 minutes jusqu'à ce qu'elles soient dorées. Laisser refroidir.

2- Mélanger les FJØRD® avec le sucre glace à l'aide d'un fouet. Répartir sur le fond des tartelettes. Ajouter les figues coupées en deux et quelques pistaches concassées.

DANONE
Fjørd
Frais & doux
125g
nature
DANONE
Fjørd
Frais & doux
125g
nature

GÂTEAUX À L'ORANGE

20 MIN DE PRÉPARATION – 40 À 45 MIN DE CUISSON

POUR 2 PETITS GÂTEAUX

1 pot de spécialité laitière FJØRD®

150 g de sucre en poudre

3 œufs

1 cuillerée à café d'extrait de vanille

200 g de beurre

200 g de farine

60 g de farine d'amandes

1 cuillerée à café de levure chimique

le zeste de 1 orange bio

1 pincée de sel

GLACAGE

150 g de sucre glace

le jus de ½ citron

colorant orange (facultatif)

noisettes grillées, concassées

1- Dans un saladier, mélanger le FJØRD®, le sucre, les œufs et l'extrait de vanille.

2- Dans une casserole, faire fondre le beurre à feu doux. Ajouter le beurre fondu au mélange précédent.

3- Tamiser les farines et la levure avec les zestes d'orange et le sel. Verser en pluie sur le mélange précédent et bien mélanger.

4- Préchauffer le four à 180 °C.

5- Verser la pâte dans 2 petits moules préalablement beurrés et sucrés. Enfourner et laisser cuire 40 à 45 minutes. Vérifier la cuisson avec la lame d'un couteau : elle doit ressortir sèche. Laisser tiédir.

6- Préparer le glaçage au sucre : mélanger le sucre glace avec le jus de citron et ajouter quelques gouttes de colorant. Verser sur les gâteaux et saupoudrer de noisettes grillées, concassées.

FOCCACIA À LA CERISE

15 MIN DE PRÉPARATION – 1 H 30 DE REPOS – 25 À 30 MIN DE CUISSON

POUR 4 PERSONNES

550 g de farine

25 g de levure fraîche

1 pot de spécialité laitière FJØRD®

1 cuillerée à café de sel

20 cerises dénoyautées

thym frais

sucre gros grains

huile d'olive

1- Dans un saladier, mettre la farine et faire un puits au centre. Emmietter la levure, ajouter 15 cl d'eau tiède et réserver 5 à 10 minutes. Mélanger puis ajouter le FJØRD® et le sel. Travailler la pâte jusqu'à ce qu'elle soit bien élastique. Si la pâte est trop sèche, ajouter un peu d'eau ; si elle est trop liquide, ajouter un peu de farine : il faut que la pâte soit légèrement collante. Continuer de pétrir la pâte à pizza puis la former en boule et la mettre dans un saladier préalablement huilé.

2- Couvrir d'un torchon propre et laisser gonfler 1 heure.

3- Pétrir de nouveau la pâte puis l'étaler dans un plat rectangulaire préalablement huilé. Appuyer fortement à l'aide du pouce pour créer des trous.

4- Disposer les cerises dans les trous, ajouter quelques brins de thym et saupoudrer de sucre. Laisser reposer 30 minutes.

5- Préchauffer le four à 200 °C.

6- Enfourner et laisser cuire 25 à 30 minutes. Déguster chaud ou à température ambiante.

BISCUITS PAIN D'ÉPICES & GANACHE CHOCOLAT

30 MIN DE PRÉPARATION – 30 MIN DE RÉFRIGÉRATION – 7 À 9 MIN DE CUISSON

POUR 20 BISCUITS

70 g de sucre en poudre

½ cuillerée à café d'extrait de vanille

3 cuillerées à café de mélasse noire (magasins bio)

3 cuillerées à café de miel d'acacia

20 g de beurre

1 œuf

200 g de farine

2 cuillerées à café de 4-épices

2 cuillerées à café de gingembre en poudre

1 cuillerée à café de bicarbonate de soude

6 cuillerées à soupe de pâte à tartiner au chocolat

3 cuillerées à soupe de spécialité laitière FJØRD®

sucre glace

1- Dans une casserole, faire chauffer à feu doux 5 cl d'eau, le sucre, l'extrait de vanille, la mélasse noire, le miel et le beurre. Bien mélanger et mettre hors du feu à ébullition. Laisser tiédir. Ajouter l'œuf et bien fouetter.
2- Tamiser la farine avec le 4-épices, le gingembre et le bicarbonate de soude dans un grand bol puis ajouter le mélange précédent.
Travailler du bout des doigts pour former une pâte homogène. L'envelopper de film alimentaire et réserver 30 minutes environ au réfrigérateur.
3- Préchauffer le four à 170 °C.
Sur un plan de travail fariné, abattre la pâte à l'aide d'un rouleau à pâtisserie sur une épaisseur d'environ 0,5 cm. Découper des disques de 2 à 3 cm de diamètre à l'aide d'un emporte-pièce puis les disposer sur la plaque du four garnie de papier sulfurisé.
4- Enfourner les biscuits et laisser cuire 7 à 9 minutes. Laisser refroidir.
5- Dans un petit bol, mélanger la pâte à tartiner au chocolat avec le FJØRD®. Si le mélange est trop liquide, réserver au réfrigérateur jusqu'à ce qu'il durcisse.
6- Verser le mélange dans une poche à douille et garnir l'intérieur de la moitié des biscuits. Refermer avec les coques restantes. Saupoudrer de sucre glace.

BISCOTTI AU FJØRD®, LIMONCELLO & MENTHE

10 MIN DE PRÉPARATION – 1 H DE CUISSON – 15 MIN DE REPOS

POUR 50 BISCOTTIS

BISCUITS

220 g de farine

¾ de cuillerée à café de levure chimique

¼ de cuillerée à café de bicarbonate de soude

1 pincée de sel

2 œufs

170 g de sucre en poudre

1 cuillerée à café d'extrait de vanille

65 g de copeaux de noix de coco

100 g d'amandes entières avec la peau

SAUCE

½ pot de spécialité laitière FJØRD®

20 g de pistaches

2 cuillerées à café de liqueur limoncello

5 feuilles de menthe fraîche ciselées

1- Dans un grand bol, tamiser la farine, la levure chimique, le bicarbonate de soude et le sel.

2- Dans un bol, faire blanchir les œufs avec le sucre. Ajouter l'extrait de vanille puis verser la farine en pluie. Terminer en ajoutant les copeaux de noix de coco et les amandes. Pétrir la pâte du bout des doigts sur un plan de travail bien fariné.

3- Préchauffer le four à 150 °C.

4- Diviser la pâte en deux portions. À l'aide d'un rouleau à pâtisserie, former 2 bûches de 10 x 20 cm et d'une épaisseur d'environ 2 à 3 cm.

5- Enfourner et laisser cuire 40 minutes. Les sortir du four et les laisser refroidir un peu. Couper en tranches, en diagonale de 2 cm d'épaisseur et enfourner de nouveau 20 minutes.

6- Retourner les biscottis à mi-temps de cuisson. Les laisser refroidir complètement.

7- Dans un bol, mélanger le FJØRD® avec les pistaches, les feuilles de menthe ciselées et la liqueur. Tartiner les biscottis de sauce au limoncello et servir aussitôt.

PÊCHES RÔTIES GLACE AU FJØRD® VANILLÉE

20 MIN DE PRÉPARATION – 30 À 40 MIN DE CUISSON – 4 H DE CONGÉLATION

POUR 2 PERSONNES

PÊCHES

3 pêches jaunes (à l'intérieur)

le jus de ½ citron

3 cuillerées à café de miel

1 gousse de vanille

2 cuillerées à soupe de sucre cassonade

25 g de beurre

SIROP DE RHUBARBE

1 tige de rhubarbe

60 g de sucre blanc

GLACE

100 g de sucre en poudre

4 pots de spécialité laitière FJØRD®

40 cl de crème liquide

4 cuillerées à soupe de sucre glace

1 cuillerée à café d'extrait de vanille

1- Préchauffer le four à 180 °C.

2- Préparer les pêches : fendre la gousse de vanille en deux dans la longueur et gratter les graines avec la lame d'un couteau. Mélanger les graines avec le jus de citron. Peler les pêches, les couper en deux et retirer le noyau. Les mettre dans un plat allant au four et les arroser de jus de citron vanillé. Verser le miel en filet puis le sucre en pluie. Ajouter 1 noisette de beurre sur chaque pêche. Enfourner et laisser cuire 20 à 30 minutes.

3- Pendant ce temps, préparer le sirop de rhubarbe : couper la rhubarbe en tronçons de 3 cm. Dans une casserole, la faire cuire avec la gousse de vanille fendue et 15 cl d'eau à feu moyen pendant 15 minutes. Filtrer et récupérer le jus. Remettre le jus à chauffer avec le sucre jusqu'à obtenir un sirop légèrement épais. Réserver hors feu.

4- Préparer la glace : dans une casserole, faire cuire le sucre et 20 cl d'eau à feu moyen jusqu'à obtenir un sirop. Verser le sirop dans un bol avec les FJØRD® et mélanger. Fouetter la crème liquide bien froide en chantilly avec le sucre glace et l'extrait de vanille. Incorporer délicatement la chantilly au mélange précédent et réserver 4 heures au congélateur.

5- Servir les pêches nappées de sirop de rhubarbe et accompagnées de boules de glace.

VERRINES AUX MYRTILLES

10 MIN DE PRÉPARATION – 10 MIN DE CUISSON

POUR 2 VERRINES

140 g de myrtilles

6 spéculos

2 pots de spécialité laitière FJØRD®

30 g de sucre en poudre

1- Dans le fond de 2 verres, répartir une partie des myrtilles sur 2 cm. Concasser les spéculos et les répartir sur les myrtilles. Recouvrir de FJØRD®.

2- Dans une casserole, faire chauffer à feu moyen 7 cl d'eau, le sucre et le reste des myrtilles. Remuer de temps en temps jusqu'à ce que le liquide soit légèrement épais. Napper les verrines de sirop de myrtilles.

PAVLOVA AUX FRUITS ROUGES

25 MIN DE PRÉPARATION – 2 H DE CUISSON

POUR 10 PAVLOVAS

100 g de sucre blanc

2 blancs d'œufs

2 pots de spécialité laitière FJØRD®

1 barquette de framboises

½ barquette de fraises

30 g de pistaches vertes, concassées

sucre glace (pour la décoration)

1- Préchauffer le four à 170 °C.

2- Étaler le sucre dans un plat allant au four préalablement garni de papier sulfurisé. Enfourner et laisser cuire environ 10 minutes.

3- Pendant ce temps, monter les blancs d'œufs en neige. Lorsqu'ils ont doublé de volume, verser le sucre cuit et bien fouetter.

4- Mettre le mélange dans une poche à douille et faire des meringues d'environ 8 cm de diamètre sur la plaque du four.

5- Enfourner à 100 °C et laisser cuire 2 heures. Sortir les meringues du four et les laisser refroidir sur une grille.

6- Les garnir avec 1 ou 2 cuillerées à soupe de FJØRD®, suivie de framboises, de fraises et de quelques pistaches concassées. Saupoudrer de sucre glace. Servir aussitôt.

TIRAMISU

20 MIN DE PRÉPARATION – 5 MIN DE CUISSON – 1 H DE RÉFRIGÉRATION

POUR 4 PERSONNES

4 cuillerées à café de café soluble

12 boudoirs

3 pots de spécialité laitière FJØRD®

4 cuillerées à soupe de liqueur de Marsala

15 cl de crème liquide

3 cuillerées à café de sucre glace

1 cuillerée à café d'extrait de vanille

DÉCORATION

20 g de chocolat noir râpé

2 cuillerées à soupe de cacao en poudre non sucré

1- Dans une casserole, faire chauffer 20 cl d'eau avec le café soluble. Mélanger.

2- Verser le café dans une assiette creuse, y faire tremper les boudoirs pour les imbiber. Tapisser le fond d'un plat rectangulaire de boudoirs imbibés.

3- Mélanger les FJØRD® avec le Marsala et réserver.

4- Fouetter la crème liquide bien froide en chantilly avec le sucre glace. Ajouter les FJØRD® au Marsala puis l'extrait de vanille. Mélanger délicatement.

5- Verser le mélange sur les boudoirs, parsemer de chocolat râpé et de poudre de cacao puis réserver au réfrigérateur 1 heure minimum avant de servir.

PANNA COTTA, COULIS À LA CERISE

20 MIN DE PRÉPARATION – 4 H DE RÉFRIGÉRATION – 8 À 10 MIN DE CUISSON

POUR 4 PERSONNES

PANNA COTTA

2 pots de spécialité laitière FJØRD®

20 cl de crème liquide

35 g de sucre en poudre

1 cuillerée à café d'extrait de vanille

3 feuilles de gélatine

COULIS À LA CERISE

2 poignées de cerises dénoyautées

70 g de sucre en poudre (selon acidité des cerises)

le zeste de ½ orange bio

1 cuillerée à café de Maïzena

1- Dans un bol d'eau froide, faire tremper les feuilles de gélatine pour les ramollir pendant 5 à 10 minutes. Bien essorer.

2- Dans une casserole, faire chauffer à feu doux la crème liquide avec l'extrait de vanille et le sucre en mélangeant de temps en temps. Dès ébullition, mettre hors du feu puis ajouter les feuilles de gélatine et mélanger. Ajouter les FJØRD® et mélanger de nouveau.

3- Répartir le mélange dans 4 petits moules individuels et réserver 4 heures minimum au réfrigérateur.

4- Préparer le coulis : dans une casserole, faire cuire les cerises avec les zestes d'orange, le sucre et 10 cl d'eau. Dès que le sucre est dissous, ajouter la Maïzena et mélanger.

5- Démouler les panna cotta dans 4 petites assiettes et recouvrir de coulis à la cerise.

TRIFFLE BANANE

35 MIN DE PRÉPARATION – 3 H DE RÉFRIGÉRATION – 5 MIN DE CUISSON

POUR 6 À 8 BARRES

BASE BANANE

1 banane et demie très mûre

3 cuillerées à café de jus de citron

2 ½ feuilles de gélatine

10 cl de lait demi-écrémé

8 cl de crème liquide

1 pot et demi de spécialité laitière FJØRD®

BASE AU FJØRD®

3 feuilles de gélatine

50 g de sucre en poudre

2 pots de spécialité laitière FJØRD®

2 cl de crème liquide

1 cuillerée à café d'extrait de vanille

3 cuillerées à soupe de sucre glace

CHANTILLY CHOCOLAT

20 cl de crème liquide

4 cuillerées à café de pâte à tartiner au chocolat

1- Mixer les bananes avec le jus de citron.

2- Dans un bol d'eau froide, faire tremper les feuilles de gélatine pour les ramollir pendant 5 à 10 minutes. Bien essorer.

3- Dans une casserole, porter à ébullition le lait avec la crème liquide. Mettre hors du feu et ajouter les feuilles de gélatine et les FJØRD®. Bien mélanger.

4- Verser le mélange dans un plat rectangulaire garni de papier sulfurisé. Réserver 1 heure 30 au réfrigérateur.

5- Préparer la base au FJØRD® : dans un bol d'eau froide, faire tremper les feuilles de gélatine pour les ramollir pendant 5 à 10 minutes. Bien essorer. Dans une casserole, les faire chauffer dans 6 cl d'eau avec le sucre à feu moyen. Hors du feu, ajouter les FJØRD®, la crème liquide, l'extrait de vanille et le sucre glace. Bien fouetter. Verser le mélange sur la base à la banane. Réserver 1 heure 30 au réfrigérateur.

6- Monter la crème liquide en chantilly et incorporer délicatement la pâte à tartiner. Remplir une poche à douille de la chantilly au chocolat et réserver.

7- Découper les barres de Triffle, décorer avec la chantilly au chocolat et servir aussitôt.

SOUPE DE FRUITS ROUGES

10 MIN DE PRÉPARATION – 5 MIN DE CUISSON – 1 H DE RÉFRIGÉRATION

POUR 2 PERSONNES

100 g de cerises dénoyautées

1 pot de spécialité laitière FJØRD®

25 g de sucre blanc

1 poignée de fraises

1 poignée de framboises

1 cuillerée à café de zestes d'orange bio

2 cuillerées à café de liqueur de Marsala

DÉCORATION

quelques meringues concassées

quelques pistaches concassées

1- Dans une casserole, faire chauffer à feu moyen les cerises, le sucre avec 9 cl d'eau pendant 5 minutes environ.
2- Verser dans le bol du mixeur et mixer finement. Filtrer le sirop et laisser refroidir.
3- Mélanger le sirop de cerise avec le FJØRD® et la liqueur de Marsala puis répartir dans 2 petits bols. Ajouter les fraises, les framboises et les zestes d'orange.
4- Réserver 1 heure minimum au réfrigérateur. Au moment de servir, décorer avec quelques éclats de meringues et de pistaches.

2CUPS
16 OZ
12

CHEESE-CAKE

20 MIN DE PRÉPARATION – 25 À 30 MIN DE CUISSON – 1 H DE RÉFRIGÉRATION

POUR 4 PERSONNES

100 g de biscuits secs

20 g de noix de pécan grillées et concassées

30 g de spéculos

80 g de beurre

350 g de fromage frais

8 cl de crème fraîche entière

80 g de sucre en poudre

1 œuf + 1 jaune

½ cuillerée à café d'extrait de vanille

1 cuillerée à soupe de zestes de citron bio

3 pots de spécialité laitière FJØRD®

miel

1- Émietter finement les biscuits secs et les spéculos.

2- Dans une casserole, faire fondre le beurre à feu doux puis ajouter les biscuits émiettés, les noix de pécan et bien mélanger.

3- Beurrer 4 moules ronds de 12 cm de diamètre, et tapisser le fond de papier cuisson. Répartir les biscuits émiettés dans le fond des moules et, à l'aide du dos d'une cuillère à soupe, lisser la surface.

4- Préchauffer le four à 160 °C.

5- Dans un bol, mixer finement le fromage frais, la crème fraîche et le sucre. Ajouter l'œuf et le jaune puis l'extrait de vanille et les zestes de citron. Bien mélanger. Remplir les moules de la préparation jusqu'aux trois quarts. Enfourner et laisser cuire 25 à 30 minutes. Laisser refroidir sur une grille puis réserver au réfrigérateur.

6- Recouvrir le cheese-cake de FJØRD® puis ajouter 1 filet de miel.

Fjørd

SUNDAY À LA PRUNE

25 MIN DE PRÉPARATION – 10 MIN DE CUISSON – 3 H DE CONGÉLATION

POUR 4 PERSONNES

70 g de sucre en poudre

½ cuillerée à café d'extrait de vanille

2 prunes

4 pots de spécialité laitière FJØRD®

DÉCORATION

meringues concassées

1- Dans une casserole, faire chauffer à feu moyen le sucre, l'extrait de vanille avec 4 cl d'eau jusqu'à obtenir un sirop. Bien mélanger.

2- Peler la peau des prunes puis retirer le noyau.

3- Dans le bol du mixeur, mettre la chair des prunes et verser le sirop. Mixer finement.

4- Dans un bol, mélanger grossièrement les FJØRD® avec le jus de prune en faisant de jolis cercles à l'aide d'une cuillère. Verser le tout dans un sac de congélation et bien le fermer. Réserver 3 heures environ au congélateur jusqu'à ce que le mélange prenne.

5- Transférer la glace dans une poche à douille puis répartir le sunday dans 4 verrines. Décorer avec quelques éclats de meringue.

GLACE PIÈCE MONTÉE

15 MIN DE PRÉPARATION – 10 MIN DE CUISSON – 5 H 30 DE CONGÉLATION

POUR 2 PERSONNES

150 g de sucre en poudre

1 cuillerée et demie à soupe de jus de citron

3 pots de spécialité laitière FJØRD®

150 g de myrtilles

30 cl de crème liquide

3 cuillerées à soupe de sucre glace

1 cuillerée et demie à café d'extrait de vanille

colorant violet (facultatif)

1- Dans une casserole, faire chauffer à feu moyen le sucre avec 10 cl d'eau et le jus de citron jusqu'à obtenir un sirop.

2- Ajouter les FJØRD® au sirop et mélanger.

3- Monter la crème liquide bien froide en chantilly avec le sucre glace et l'extrait de vanille. Incorporer délicatement la chantilly au mélange précédent. Répartir la préparation dans 2 bols.

4- Dans l'un des 2 bols, ajouter quelques gouttes de colorant violet.

5- Répartir les myrtilles dans les 2 bols.

6- Verser dans un moule rectangulaire à bord haut la préparation colorée puis réserver 1 heure 30 au congélateur. Verser le reste de la préparation et remettre 4 heures minimum au congélateur.

SMOOTHIE FRUITS ROUGES

5 MIN DE PRÉPARATION

POUR 2 VERRES

1 pot de spécialité laitière FJØRD®

20 cl de lait de riz

2 cuillerées à soupe de flocons d'avoine

1 cuillerée à café de graines de sésame grillées

100 g de fruits rouges

1- Mettre tous les ingrédients dans le bol du mixer. Mixer finement.

2- Répartir le smoothie dans 2 verres et boire bien frais.

SMOOTHIE MANGUE, BANANE & ORANGE

5 MIN DE PRÉPARATION

POUR 2 VERRES

½ banane mûre

½ mangue bien mûre

1 pot de spécialité laitière FJØRD®

15 cl de jus d'orange pressée

quelques glaçons

1- Éplucher la banane et la mangue. Détailler les fruits en petits morceaux.

2- Mettre dans le bol du mixeur les fruits, le FJØRD® et le jus d'orange. Mixer finement.

3- Répartir le smoothie dans 2 verres et servir bien frais avec quelques glaçons.

PEPERONATA

10 MIN DE PRÉPARATION – 50 MIN DE CUISSON

POUR 2 PERSONNES

2 poivrons rouges

½ pot de spécialité laitière FJØRD®

huile d'olive

2 cuillerées à soupe de persil plat haché

½ oignon rouge

¼ de gousse d'ail hachée

1 pincée de piment d'Espelette

quelques gouttes de vinaigre de vin rouge

sel, poivre

1- Préchauffer le four à 180 °C.

2- Enfourner les poivrons à four chaud et laisser cuire jusqu'à ce qu'ils noircissent.

3- Pendant ce temps, faire cuire l'oignon rouge émincé dans une poêle avec un petit peu d'huile d'olive à feu très doux pendant 5 à 10 minutes. Réserver hors du feu.

4- Lorsque les poivrons sont cuits, les mettre dans un sac plastique et le fermer hermétiquement. Réserver quelques minutes. Sortir les poivrons du sac et retirer la peau et les graines. Les couper grossièrement.

5- Dans le bol du mixeur, mettre tous les ingrédients et mixer finement. Servir, accompagné de tartines de pain.

SOUPE FROIDE DE CONCOMBRE

10 MIN DE PRÉPARATION – 1 H DE RÉFRIGÉRATION

POUR 2 PERSONNES

1 concombre

2 pots de spécialité laitière FJØRD®

quelques tiges de cerfeuil

le jus de 2 citrons verts

sel, poivre

graines de nigelle

graines de sésame blanc, grillées

1- Rincer le concombre et le couper dans la longueur. À l'aide d'une cuillère à café, retirer les graines et couper le concombre en petits dés.

2- Dans le bol du mixeur, mettre les dés de concombre, le jus des citrons, le cerfeuil, les FJØRD®. Saler, poivrer et mixer finement. Réserver 1 heure au réfrigérateur puis mixer de nouveau la soupe.

3- Servir la soupe froide parsemée de graines de nigelle, de graines de sésame et de quelques feuilles de cerfeuil.

BEIGNET DE CHOU-FLEUR, SAUCE AU FJØRD®

20 MIN DE PRÉPARATION – 20 MIN DE CUISSON

POUR 7 BEIGNETS

280 g de chou-fleur

1 pot de spécialité laitière FJØRD®

¼ de concombre

2 cuillerées à café de jus de citron

3 cuillerées à soupe d'aneth haché

70 g de farine

3 cuillerées à soupe d'oignons nouveaux

2 cuillerées à café d'épices (curcuma, curry)

1 cuillerée à soupe de cumin

1 pincée de piment

1 botte de persil plat

1 gousse d'ail pressée

1 échalote hachée

70 g de grains de maïs

2 œufs

sel, poivre

huile végétale

1- Détailler le chou-fleur en petits bouquets. Les faire cuire dans un grand volume d'eau salée 10 à 15 minutes. Les égoutter.

2- Préparer la sauce au FJØRD® : dans le bol du mixeur, verser le FJØRD®, 60 g de chou-fleur, le concombre épépiné et coupé en dés, le jus de citron et mixer jusqu'à obtenir une consistance onctueuse. Ajouter l'aneth, saler et poivrer. Réserver au réfrigérateur.

3- Dans un grand bol, mélanger la farine avec les oignons nouveaux émincés, les épices, le persil ciselé, l'ail, l'échalote, les grains de maïs et les œufs. Ajouter le reste du chou-fleur sans trop l'écraser. Former des beignets à l'aide d'une cuillère à soupe.

4- Dans une poêle, faire chauffer un peu d'huile et y faire cuire les beignets 3 minutes de chaque côté. Les déposer sur du papier absorbant. Servir aussitôt avec la sauce au FJØRD®.

PETITS PAINS AU FJØRD®

15 MIN DE PRÉPARATION – 1 H 30 DE REPOS – 12 MIN DE CUISSON

POUR 14 PETITS PAINS

15 g de beurre

3 pots de spécialité laitière FJØRD®

2 cuillerées à café de sucre blanc

2 œufs

630 g de farine

25 g de levure fraîche

1 cuillerée à café de sel

graines de pavot

graines de sésame

graines de nigelle

1- Dans une casserole, faire chauffer à feu doux 6 cl d'eau avec le beurre, les FJØRD® et le sucre. Bien mélanger. Dès que le beurre a fondu, mettre hors du feu. Une fois le mélange tiédi, ajouter 1 œuf et bien fouetter.

2- Dans un grand bol, verser la farine et faire un puits au centre pour y mettre la levure émiettée et recouvrir de 6 cl d'eau tiède.

3- Ajouter le mélange au FJØRD® puis le sel et bien mélanger à l'aide d'une cuillère en bois.

4- Sur un plan de travail fariné, travailler la pâte à la main. La recouvrir d'un torchon propre et laisser reposer 1 heure à température ambiante.

5- Travailler la pâte de nouveau et la diviser en 14 portions.

6- Les façonner en petits pains de 10 x 4 cm. Laisser reposer 30 minutes de nouveau.

7- Préchauffer le four à 210 °C. Badigeonner les pains avec l'œuf restant battu avec 2 cuillerées à café d'eau. Recouvrir de graines. Enfourner et laisser cuire 12 minutes.

POMMES DE TERRE AU FOUR
SAUCE FJØRD® & HERBES

15 MIN DE PRÉPARATION – 1 H 05 DE CUISSON

POUR 2 PERSONNES

3 grosses pommes de terre

1 pot de spécialité laitière FJØRD®

½ oignon émincé

½ gousse d'ail hachée

le jus de 1 citron

3 cuillerées à soupe de ciboulette hachée

2 cuillerées à soupe de persil plat haché

sel, poivre

quelques radis roses

huile d'olive

gros sel

1- Rincer les pommes de terre puis découper un V dans la chair. Les badigeonner d'huile et les recouvrir de gros sel.
2- Préchauffer le four à 180 °C.
3- Envelopper chaque pomme de terre dans du papier d'aluminium et enfourner. Laisser cuire 50 minutes puis retirer le papier d'aluminium et faire cuire 15 minutes supplémentaires sous le gril du four jusqu'à ce qu'elles soient bien dorées.
4- Dans un bol, mettre le FJØRD®, l'oignon, l'ail, le jus du citron et les herbes. Saler, poivrer et bien mélanger. Verser sur les pommes de terre et décorer avec quelques radis coupés en fines rondelles.

MINI BAGUETTES AU FJØRD®

CHEDDAR & GRAINES DE COURGE

20 MIN DE PRÉPARATION – 1 H 30 DE REPOS – 30 MIN DE CUISSON

POUR 5 MINI BAGUETTES

300 g de farine complète

180 g de farine normale

150 g de cheddar râpé

45 g de graines de courge

1 cuillerée et demie à café de sel

25 g de levure fraîche

1 pot de spécialité laitière FJØRD®

huile d'olive

1- Dans un grand bol, verser les farines et le cheddar râpé, les graines de courge et le sel.
2- Dans un bol avec bec verseur, mélanger la levure et 3 dl d'eau tiède. Laisser agir quelques minutes.
3- Dans le bol du robot, battre le mélange de farine avec la levure. Ajouter ensuite le FJØRD® et bien mélanger.
4- Sur un plan de travail fariné, travailler la pâte. Couvrir d'un torchon propre et laisser reposer 1 heure à température ambiante.
5- Abattre la pâte de nouveau et la diviser en 5 portions. Façonner de jolies baguettes.
6- Préchauffer le four à 210 °C.
7- Laisser reposer de nouveau 30 minutes, le temps que les baguettes gonflent, puis les décorer avec quelques graines de courge et du cheddar râpé.
8- Enfourner et laisser cuire 20 à 25 minutes jusqu'à ce qu'elles aient une jolie couleur dorée. Laisser refroidir sur une grille.

DANONE
Fjørd
Frais & doux
125g
nature

TERRINE DE SAUMON FUMÉ AUX HERBES

15 MIN DE PRÉPARATION – 5 MIN DE CUISSON – 4 H DE RÉFRIGÉRATION

POUR 2 MINI TERRINES

4 feuilles de gélatine

2 pots de spécialité laitière FJØRD®

3 cuillerées à soupe de ciboulette ciselée

2 petites tranches de saumon fumé

15 cl de crème liquide

sel, poivre

1- Dans un bol d'eau froide, faire tremper les feuilles de gélatine pour les ramollir pendant 5 à 10 minutes. Les essorer.

2- Dans un grand bol, verser les FJØRD®, la ciboulette ciselée puis ajouter le saumon fumé coupé en dés. Saler, poivrer et mélanger. Réserver.

3- Dans une petite casserole, faire chauffer la crème liquide. À ébullition, mettre hors du feu et ajouter les feuilles de gélatine et bien remuer.

4- Mélanger les deux préparations puis verser dans 2 petits moules à terrine préalablement huilés. Réserver 4 heures au réfrigérateur. Démouler les terrines et les déguster avec du pain.

Fjord

FJØRD® FAÇON FAISSELLE & HERBES FRAÎCHES

5 MIN DE PRÉPARATION – 2 H DE DRAINAGE

POUR 1 PERSONNE

2 pots de spécialité laitière FJØRD®

1 cuillerée à soupe de ciboulette

1 cuillerée à soupe de menthe

1 cuillerée à soupe de persil plat

sel, poivre

1 filet d'huile d'olive

1- Verser les FJØRD® dans un filtre à café pour les drainer jusqu'à obtenir la consistance souhaitée.
2- Ciseler finement les herbes.
3- Tartiner sur une tranche de pain une couche de faisselle et parsemer d'herbes. Saler, poivrer et verser un petit filet d'huile d'olive.

Fjørd

REMERCIEMENTS DE L'AUTEUR

Pour Lou...
Un grand merci à Marie-Eve pour être là
et à Richard pour ses belles photos.

Avec la collaboration de FJØRD®.

Shopping & stylisme : Lene Knudsen
Relecture : Véronique Dussidour
Mise en pages : Frédéric Voisin

ISBN : 978-2-501-07726-2
41-1782-6/02
Dépôt légal : avril 2012
Achevé d'imprimer en mars 2012
sur les presses d'Impresia-Cayfosa en Espagne

DANONE
Fjørd
Frais & doux
DANONE
Fjørd
Frais & doux
DANONE
Fjørd
Frais & doux
DANONE
Fjørd
Frais & doux
DANONE
Fjørd
Frais & doux
DANONE
Fjørd
Frais & doux

DANONE
Fjørd
Frais & doux
Conserver à +6°C maxi.
spécialité laitière
nature
125g